AF452172

MARIE-THÉRÈSE,

TRAGÉDIE EN CINQ ACTES.

MARIE-THÉRÈSE,

TRAGÉDIE

EN CINQ ACTES ET EN VERS.

Par M. Coustelin.

PARIS,

J. G. DENTU, IMPRIMEUR-LIBRAIRE,

rue des Petits-Augustins, n° 5 (ancien hôtel de Persan).

1817.

PERSONNAGES.

—

MARIE-THÉRÈSE, Fille de Louis XVI.
LOUIS, duc d'Angoulême.
ROBESPIERRE,
KERSAINT, } Membres de la Convention.
BARRÈRE,
TOULAN, Commissaire de la Commune.
RONSIN, Chef de l'armée révolutionnaire.
SOPHIE, Compagne de Thérèse.
Gardes de la Convention.
Gardes nationales.

La scène est à Paris, dans la Tour du Temple.

MARIE-THÉRÈSE,

TRAGÉDIE EN CINQ ACTES.

ACTE PREMIER.

—

SCENE I^{RE}.

KERSAINT, TOULAN.

TOULAN.

Je ne vous quitte point ; votre sombre fureur
Jette dans mon esprit le trouble et la terreur ;
Quelques forfaits nouveaux, dont je frémis d'avance,
Vont sans doute en ce jour, de deuil remplir la France.
Juste Dieu, du tyran déjouez le dessein !

KERSAINT.

Ah ! j'ai trop partagé son pouvoir inhumain.
Assis à ses côtés, l'Europe, avec justice,
A pu de ses fureurs me croire le complice.
Il faut la détromper.

TOULAN.

      Vos soins sont superflus ;
Elle connaît le crime ainsi que vos vertus.

Mais lorsqu'à votre sort un même sort me lie,
Qu'à servir vos desseins j'ai consacré ma vie,
Avez-vous des secrets que je ne puis savoir?
La terreur qui souvent me prive de vous voir,
En ce moment fatal vous clôt-elle la bouche?

KERSAINT.

Non, je ne crains plus rien du despote farouche;
Je puis t'entretenir; profitons des instans :
Peut-être que demain il n'en sera plus temps.

TOULAN.

Il n'en sera plus temps? Expliquez-vous, de grâce !
Est-ce donc vous, Kersaint, que le danger menace?

KERSAINT.

Plût à Dieu, cher Toulan, que dans notre malheur,
Ma mort pût du barbare assouvir la fureur,
Et qu'enfin ce fût là le dernier de ses crimes!

TOULAN.

O ciel! vous m'effrayez! Quelles sont ces victimes
Dont le pressant danger agite votre esprit?
Du sang de Louis-Seize une fille survit;
Mais qui menacerait cette aimable princesse?
Ses grâces, sa vertu, son sexe et sa jeunesse,
Sont de ses tristes jours un garant assuré.

KERSAINT.

Pour l'affreux Robespierre est-il rien de sacré?
Toute vertu l'irrite; et la beauté céleste
Dont le ciel honora cette vierge modeste,

Ne sert qu'à l'opprimer : le tyran forcéné
Poursuit avec ardeur ce sang infortuné.
Lasse de le verser, son horrible furie
Veut imprimer sur lui le sceau de l'infamie.
Ecoute en frémissant ce secret odieux;
Apprends que sur Thérèse il a jeté les yeux,
Et que, pour couronner sa flamme illégitime,
Dès ce jour à l'autel il traîne sa victime;
Mais ne bornant point là son funeste dessein,
Il prétend s'emparer du pouvoir souverain.

TOULAN.

Quoi ! le traître oserait ?...

KERSAINT.

Au milieu de la fête
Que dans nos murs sanglans cet inhumain apprête,
Il doit après avoir, par un vœu solennel,
Proclamé hautement un moteur éternel,
Quittant le masque affreux de démocrate extrême,
En recevant sa main prendre le diadème.
Vois si, pour déjouer des attentats pareils,
Je dois de la prudence employer les conseils,
Ou suivre aveuglément le transport qui m'anime.

TOULAN.

Jamais votre fureur ne fut plus légitime.
Unissons nos efforts, et mourons tous les deux,
Plutôt que de souffrir un hymen si honteux.

KERSAINT.

Faisons notre devoir; la vie est peu de chose;

On ne la compte point dans une telle cause.
De protéger ses jours je m'imposai la loi,
Lorsque sur l'échafaud notre malheureux Roi
Allait pour expier devant toute la France
Sa facile bonté, ses vertus, sa clémence.
Il me semble le voir en ce funeste jour,
Entouré des objets d'un paternel amour,
Serrant entre ses bras son épouse et sa fille :
« Cher Kersaint, me dit-il, prends soin de ma famille!
« D'après le dévoûment que ton cœur m'a montré,
« Je puis te confier un dépôt si sacré ;
« Et je meurs dans l'espoir que ta pitié constante,
« Sauvera mes enfans et leur mère et leur tante. »
Je le promis soudain. Juge de ma douleur,
Quand je vis immoler son épouse et sa sœur!
Furieux, n'écoutant que ma bouillante rage,
J'allais remplir Paris d'horreur et de carnage ;
Mais le génie affreux qui gouvernait alors,
Sous son joug infernal enchaîna mes efforts :
Le crime s'accomplit : pour comble d'infortune,
Il fallut conserver une vie importune,
Et dévorer tout bas mon sombre désespoir.
Le salut du Dauphin m'en faisait un devoir.
Mais à quoi m'a servi ce triste sacrifice !
Quand je crus le tirer des bords du précipice,
D'un esprit destructeur l'empire trop puissant
Etendit son fléau jusque sur un enfant ;
Et sous le faux aspect d'une fièvre brûlante,
Ce tendre rejeton de la tige régnante,

Par ses douces vertus digne d'un sort plus beau,
Au matin de ses jours descendit au tombeau.
Enfin, de cette illustre et royale famille
Que le fer détruisit, il nous reste une fille
Que le tyran cruel veut unir à son sort.
Grand Dieu ! vous qui l'avez arrachée à la mort,
Voudrez-vous que, fumant du pur sang de son père,
Ce monstre détesté, l'atroce Robespierre,
Parvienne impunément aux pieds de vos autels,
Pour remplir à nos yeux ses projets criminels ?
Et toi, dont la beauté commande notre hommage,
Du plus vil factieux seras-tu le partage?
Non, non, pour l'en sauver je vais armer mon bras,
Heureux si ce triomphe honore mon trépas !

TOULAN.

Afin d'y réussir, sachez, à Robespierre,
Opposer avec art l'ambitieux Barrère ;
Son crédit, sa fureur, ses moyens, son pouvoir
Peuvent avec succès seconder notre espoir.

KERSAINT.

C'est à quoi justement mon zèle ardent s'applique.
La valeur peut ici moins que la politique.
Il ne faut qu'irriter, dans nos persécuteurs,
L'ambition, la haine et leurs noires fureurs ;
Afin que l'un sur l'autre épuisant leur vengeance,
De leurs souffles impurs, ils délivrent la France.
J'ai déjà dans leur cœur répandu le poison ;
L'un et l'autre parti cherche la trahison ;

Les Billaud, les Tallien, unis avec Barrère,
Conspirent sourdement la mort de Robespierre.
Ce dernier, à son tour, sanguinaire et jaloux,
Médite les moyens de les égorger tous.
Sa marche cependant devient embarrassée;
L'audace du sénat occupe sa pensée.
Il veut, en épousant la Princesse aujourd'hui,
Contre tous ses rivaux se former un appui.
C'est lui qui vient à nous; j'ai besoin de l'entendre;
Au palais du sénat tu peux aller m'attendre.

SCENE II.

ROBESPIERRE, KERSAINT.

ROBESPIERRE.

Toi, chargé d'annoncer mes ordres absolus,
Parle, m'oppose-t-on quelqu'indigne refus?
Sur la fierté du sang aurait-on l'arrogance
De vouloir entre nous marquer une distance?
De mes destins futurs connaît-on la grandeur?
Connaît-on mon pouvoir et sur-tout ma fureur?

KERSAINT.

La Princesse sait tout; je l'ai même avertie
Qu'un refus obstiné peut lui coûter la vie.
Son courage pourtant ne s'en étonne pas:
Elle entend sans frémir l'annonce du trépas.
Mais pourrais-je penser que ton cœur inflexible
Ait senti de l'amour le trait irrésistible,

Et que, voulant donner des chaînes aux humains,
Il se laisse asservir par le plus dur des freins?

ROBESPIERRE.

Oui, je l'adore, ami, puisqu'il faut te le dire;
Pour elle, dès long-temps en secret je soupire;
Mon orgueil s'en indigne; il voudrait pour jamais
Chasser de mon esprit ses superbes attraits :
En vain à l'oublier je force mon courage,
Tout revient malgré moi me tracer son image.
Qu'est-ce donc que l'amour, qui, jusque dans mon cœur,
Croit pouvoir établir son empire enchanteur?

KERSAINT.

Quels charmes si puissans peut avoir une fille
Condamnée à pleurer le sort de sa famille,
Dont la sombre douleur et les plaintifs accens,
Ne font que répéter ses chagrins déchirans?

ROBESPIERRE.

C'est là ce qui la rend plus aimable et plus belle;
Ses plaintes, sa douleur, tout m'attire vers elle;
Et ces larmes enfin que je lui fais verser,
Sont autant de poignards qui me viennent percer.
Quelquefois à ses pieds.... Ah! j'en frémis de rage,
Ma faiblesse entretient son dédain qui m'outrage.
Qu'elle n'abuse point d'avoir su me troubler :
Même en l'idolâtrant, je pourrais l'immoler.

KERSAINT.

Quand tu vas obtenir la grandeur souveraine,

Que te fait d'une femme ou l'amour ou la haine?
Songe à gagner plutôt ces sénateurs jaloux,
Dont tu vas exciter l'implacable courroux :
Tes égaux jusqu'ici, prépare-les d'avance
A recevoir tes lois, à souffrir ta puissance.

ROBESPIERRE.

Je les méprise trop pour pouvoir les flatter:
J'ai su les avilir, je saurai les dompter.
Déjà tout mon parti s'empresse à me complaire,
L'autre en me détestant sert aussi ma colère :
Tels que d'affreux lions, ces fiers républicains
Rugissent de fureur en recevant les freins.
Cesse de redouter leur haine et leur menace.
Ils nous faut aujourd'hui déployer notre audace;
Et, sans plus répliquer, vole dresser l'autel.
Que tout Paris se rende à ce vœu solennel;
Prie, accorde, promets, punis et récompense;
D'un peuple turbulent protège la licence,
Ou s'il faut l'arrêter par des crimes nouveaux,
A côté de l'autel place des échafauds.

KERSAINT.

J'y cours. Pour tes projets, sans en prévoir l'issue,
Je t'ai voué mon bras, et ma foi t'est connue.

ROBESPIERRE, *seul.*

Va, cours, lâche instrument de mes affreux desseins,
Vole porter les fers préparés par mes mains;
Sers mon ambition injuste ou légitime;
Satisfais ma fureur et meurs-en la victime.

SCENE III.

ROBESPIERRE, RONSIN.

RONSIN.

La Princesse en ce lieu s'avance avec effroi ;
Je viens t'en avertir.

ROBESPIERRE.

Il suffit, laisse-moi.

SCENE IV.

THÉRÈSE, ROBESPIERRE, SOPHIE.

THÉRÈSE.

Ciel ! que vois-je ?

ROBESPIERRE.

Approchez. Que vos yeux sans alarmes
Devant les miens séduits fassent briller leurs charmes ;
Que votre cœur, docile à mes soins généreux,
Soumette son orgueil à contenter mes vœux.
Au moment fortuné de régner sur la France,
Où je vois l'univers respecter ma puissance,
J'ai cru, belle Princesse, honorant vos attraits,
Devoir vous faire part de mes nobles projets ;
Bannissant de l'amour les fadeurs ordinaires
Qu'emploieraient près de vous des amoureux vulgaires,
L'immortel créateur, par d'immuables lois,

Fonde, élève ou détruit les Etats et les Rois;
Et pour exécuteur de sa haute justice,
Pour renverser un trône étayé par le vice,
Du plus faible souvent il emprunte la main.
Ainsi, de vos aïeux le pouvoir souverain
Disparut à la voix d'un peuple fier et sage
Qui gémit trop long-temps sous leur vil esclavage :
Il a repris ses droits. Je sens bien qu'à vos yeux
Sa vertu fut un crime exécrable, odieux;
Le bienfait le plus grand n'obtient notre suffrage
Qu'autant que ses effets sont à notre avantage.
Après bien des débats, ce peuple a reconnu
L'impérieux besoin du pouvoir absolu,
Et daigne me choisir pour relever le trône.
Si j'ai pu recevoir le don de la couronne,
C'est afin de venir la mettre à vos genoux,
Et joindre au nom de roi celui de votre époux.

THÉRÈSE.

Mon époux! vous, barbare!

ROBESPIERRE.

Oui, moi-même, madame.
D'où provient donc ce trouble? il me surprend.

THÉRÈSE.

L'infâme!

ROBESPIERRE.

Vous refuseriez-vous à l'offre de ma main?
Songez que de moi seul dépend votre destin.

THÉRÈSE.

O père déplorable ! ô trop chère victime !

ROBESPIERRE.

J'excuse votre plainte, elle est très-légitime ;
Mais il lui faut un terme ; et je ne prétends plus
Qu'elle soit le motif de vos constans refus.

THÉRÈSE.

Tant que mes tristes yeux pourront fournir des larmes,
A les verser pour lui je trouverai des charmes ;
Tandis qu'à ses bourreaux le mépris et l'horreur...

ROBESPIERRE.

Ne finirez-vous point ce langage d'aigreur ?
Le sort de vos parens, celui qui vous menace,
N'a point dû vous porter à ce comble d'audace.
Le temps n'est plus, madame, où cette âpre fierté
Aurait pu se montrer avec impunité.
Aujourd'hui votre roi veut de la déférence ;
Gardez-vous d'irriter sa terrible vengeance.
A vos soumissions vous verrez ses bienfaits ;
Vous pouvez y compter ; mais n'oubliez jamais
Que désormais ici vous êtes prisonnière
D'un maître, d'un amant, enfin de Robespierre.

THÉRÈSE.

C'est m'en dire beaucoup ; oui, par ce peu de mots,
Je dois prévoir assez quels seront tous mes maux ;

Je les supporterai ; mon cœur et mon courage
En ont fait dès long-temps le dur apprentissage.

ROBESPIERRE.

Ils seront bien affreux.

THÉRÈSE.

Je saurai les braver.

ROBESPIERRE.

Vous m'y forcez, cruelle, il faut vous éprouver....
(A part, mais de manière que la princesse l'entend.)
Que fais-je ? modérons ce ton brusque et sauvage,
D'un sentiment plus doux employons le langage ;
Usons d'autres moyens ; peut-être que son cœur
Résiste à la menace et cède à la douceur.

THÉRÈSE.

Laissez, laissez sans gêne agir votre colère ;
Vous ne sauriez cacher votre affreux caractère :
Plus vous affecteriez la douceur devant moi,
Plus vous redoubleriez ma haine et mon effroi.

ROBESPIERRE.

Cette fierté vous perd. Ah ! croyez-moi, madame,
Evitez d'échauffer le venin de mon ame ;
J'en sais la violence, et, dans mon désespoir,
Votre sang....

THÉRÈSE.

Eh ! voilà comme j'aime à vous voir !
Une fois pour jamais abjurez la contrainte ;
Aux vulgaires mortels abandonnez la feinte.
Mais moi, dont la candeur n'admet point des détours,

Je dirai (sans m'étendre en frivoles discours)
Que je lis, à travers une affreuse lumière,
Le sort que l'on s'apprête en bravant Robespierre.
Le passé, le présent, tout me prévient enfin
Qu'un tyran outragé ne saurait l'être en vain.
Eh bien! dût mon refus, irritant votre peine,
Faire fondre sur moi l'excès de votre haine,
Sachez que le trépas serait cent fois plus doux
Que la vue et la main d'un méchant tel que vous.

ROBESPIERRE.

Je saurais vous punir, Princesse téméraire,
Si vos jours suffisaient à ma juste colère.
Le mépris, les tourmens, la honte et le cachot
Fléchiront votre orgueil bien mieux que l'échafaud.
Je vais.... Mais où m'emporte un aveugle caprice!
Il faut, sans différer, que l'hymen s'accomplisse;
Soit de gré, soit de force, avant la fin du jour
Vous serez à ma haine ou bien à mon amour.

SCENE V.

THÉRÈSE, SOPHIE.

THÉRÈSE.

En est-ce assez, grand Dieu!

SOPHIE.

Malheureuse Princesse!
Entre les mains de qui le sort cruel vous laisse!

Je vous vois frissonner, et vos pleurs précieux
Viennent malgré vous-même inonder vos beaux yeux.

THÉRÈSE.

Va, ce sont les derniers que tu me vois répandre ;
Je sais, n'en doute pas, le parti qu'il faut prendre.

SOPHIE.

Faites qu'il soit funeste à tous vos oppresseurs,
Ou plutôt livrez-les à leurs propres fureurs ;
Confiez-leur le soin de venger leurs victimes :
Les crimes tôt ou tard sont punis par des crimes.

THÉRÈSE.

Je ne prétends plus rien : mon cœur désespéré
Va trouver dans la tombe un asile assuré.

FIN DU PREMIER ACTE.

ACTE DEUXIÈME.

SCÈNE Ire.

LOUIS, KERSAINT.

LOUIS.

Oui, reconnais, Kersaint, dans ta surprise extrême,
Le neveu de ton Roi, qui te chérit, qui t'aime ;
Qui n'abandonne enfin un exil rigoureux,
Que pour revoir Paris en proscrit malheureux.
Pour comble de douleur, mon ame déchirée
Brûle pour une amante à jamais adorée.
Tu frémis ! Je le vois, ton cœur indifférent
Condamne de l'amour le tendre sentiment.

KERSAINT.

Je frémis, il est vrai. Quel démon vous engage
A venir dans des lieux réservés au carnage ?
Retournez dans les bois ; un antre ténébreux
Vous serait moins fatal que ces murs dangereux.
D'un projet trop hardi vous seriez la victime ;
Epargnez au tyran encore un nouveau crime.

LOUIS.

Je connais les forfaits de ce séjour d'horreur,
Et du tyran cruel la haine et la fureur ;

Mais, malgré les périls dont Paris me menace,
Rien ne peut de mon cœur diminuer l'audace.
Je viens chercher Thérèse; au mépris de la mort,
Je viens pour la soustraire à son funeste sort.
Eh quoi! je laisserais aux mains de ce barbare
De toutes les vertus la vertu la plus rare,
Pour aller de mes pleurs inonder l'univers,
Traîner mon désespoir de déserts en déserts,
Accabler les humains du récit de mes peines,
Sans que j'ose briser ses effroyables chaînes?
Ah! je mériterais mon destin rigoureux,
Pour n'avoir point servi l'objet de tous mes vœux.
Mais avant de tenter cette belle entreprise,
Dis-moi si mon amante en secret l'autorise.

KERSAINT.

Proscrit, de toutes parts entouré d'ennemis,
Se peut-il que l'amour occupe vos esprits?
Surmontez en héros une telle faiblesse;
Un autre mieux que vous veille sur la Princesse,
Et met à la sauver sa gloire et son bonheur.

LOUIS.

Un autre! Que dis-tu? Juste Dieu, quelle horreur!
Dois-je m'attendre encor à quelque perfidie?
Thérèse aurait rompu le saint nœud qui nous lie!
Tu détournes les yeux! Apprends-moi mon destin,
Apprends-moi mes malheurs, et que ce fer soudain,
Moins traître, moins cruel que son ame infidelle,
Arrache de ce cœur tout ce qu'il sent pour elle.

KERSAINT.

Sa constance pour vous est tout ce que je crains.

LOUIS.

Elle m'aime! Grand Dieu! tu pleures! tu me plains!
Va, laisse loin de nous ces honteuses alarmes;
Entretiens-moi plutôt de l'éclat de ses charmes :
Dépeins-moi sa candeur, son regard séduisant,
Son ame... Mais, hélas! peint-on le sentiment?
Retrace à mon esprit cet aimable sourire
Qui prenait sur mes sens un souverain empire;
Ce modeste maintien qui sied à la beauté,
Enfin, à tous ces dons joins la fidélité.
Mais quel autre que moi pourrait oser prétendre
Au suprême bonheur de vouloir la défendre?

KERSAINT.

Qui? moi! Penseriez-vous que ma triste amitié
Ne voulût lui vouer qu'une vaine pitié?
Que toujours par des pleurs je prouverai mon zèle?
Je prétends la sauver par un trait digne d'elle.

LOUIS.

Eh bien! unissons-nous, et qu'un même danger
Nous inspire à tous deux l'ardeur de nous venger.

KERSAINT.

Non, laissez-moi tout seul, dans l'ombre du mystère,
Attendre le moment de perdre Robespierre :
Je veux, Seigneur, je veux, avant de le frapper,
Dans de nombreux filets savoir l'envelopper;

2

L'audace dans ce cas peut bien moins que l'adresse.

LOUIS.

Pour combiner ton plan, allons chez la Princesse.
Tu sais de sa prison les détours ténébreux.
Pour le sang de nos Rois, Dieu! quel partage affreux!

KERSAINT.

Oui, je connais, Seigneur, son horrible demeure;
L'accès m'en est ouvert sans obstacle à toute heure :
Je puis vous y conduire. Accordez-moi du moins
Le temps d'en écarter de dangereux témoins.
Ces lieux me sont suspects; le tyran homicide
Les observe sans cesse avec un œil avide;
Et brûlant de trouver nos amis en défaut,
Sur un mot imprudent les livre à l'échafaud.
Que dis-je? quelquefois lisant sur leur visage,
A leur triste pâleur il suppose un langage.

LOUIS.

Exécrable artifice! infâme destructeur!
Qui d'un séjour de paix fait un séjour d'horreur,
Et place impudemment l'orgueilleuse ignorance,
Où siégeait autrefois le talent, la prudence.

KERSAINT.
Oublions le passé.
LOUIS.

Le peut-on? Et comment
Voir son pays détruit d'un œil indifférent!

KERSAINT.

O ciel ! quel intérêt peut vous parler encore
En faveur d'un pays que l'univers abhorre ?

LOUIS.

Quel intérêt, hélas ! Je naquis en ces lieux ;
Thérèse y voit le jour ; ses Rois sont mes aïeux.
Et j'aime les Français ; malgré leurs injustices,
Je fais de les servir ma gloire et mes délices.

KERSAINT.

Tant de maux endurés et vos dangers présens,
N'ont point éteint en vous ces nobles sentimens ?

LOUIS.

Crois-tu que les fureurs du Français qu'on égare,
Me feront oublier ceux dont la vertu rare
A suivi mes destins de climats en climats,
A supporté l'opprobre et bravé le trépas ?
Il t'aurait fallu voir ces guerriers magnanimes,
Signalant chaque jour par quelques faits sublimes.
Ce n'est plus ces mortels par l'amour enflammés,
De femmes, de plaisirs, de trésors affamés,
Qui venaient à la cour au milieu des délices,
Pour ne se distinguer que par de brillans vices :
Dans leurs cœurs amollis la gloire a succédé !
Ce sont les fiers rivaux de l'illustre Condé ;
Du héros dont le nom chéri de la victoire,
Guida notre valeur dans le champ de la gloire ;
Défiant des mutins les bataillons nombreux,

Et répandant lui seul l'alarme au milieu d'eux.
O Dieu ! qui présidez au destin des batailles,
Vous, qui des oppresseurs protégiez les murailles,
Que n'avez-vous permis que son bras valeureux
Accomplît de son cœur le dessein généreux !

KERSAINT.

J'entends du bruit : on vient. C'est sans doute Barrère :
D'un secret important j'ai besoin qu'il m'éclaire.
Retirez-vous, Seigneur. Je vous suivrai de près,
Pour vous entretenir sur tous vos intérêts.

SCENE II.

KERSAINT, BARRÈRE.

KERSAINT.

Eh bien, représentant, lorsque la république
Est prête à succomber sous le joug despotique,
Que sur nos corps sanglans un vandale inhumain
Veut du trône abattu se frayer le chemin,
As-tu de tes amis ranimé ce courage
Qui des républicains est le noble partage ?

BARRÈRE.

Je te l'ai déjà dit, tu peux compter sur eux.
Billaud, Fréron, Tallien, ~~dans~~ un accord heureux,
Rassemblent dans Paris leurs partis formidables.
Du pouvoir arbitraire ennemis implacables,
Tu les verras bientôt, ardens à se venger,

Egorger le tyran qui nous ose outrager.

KERSAINT.

Avec de tels soutiens sa perte est assurée.

BARRÈRE.

D'une voix unanime ils me l'ont tous jurée :
Dans ce jour glorieux chacun d'eux n'est jaloux
Que de se signaler par de généreux coups.

KERSAINT.

Profitons de leur zèle ; allons , d'une main prompte
Renversant le tyran , prévenir notre honte.

BARRÈRE.

Que vas-tu faire? Arrête ! il nous faut....

KERSAINT.
, L'immoler !
Qui peut te retenir ? Oses-tu reculer ?

BARRÈRE.

Aussi bouillant que toi, mais plus prudent, peut-être,
Par des coups assurés je veux frapper le traître ;
Et je vais , suivant l'ordre à mon zèle commis,
Autour du Champ-de-Mars rallier mes amis.
Quelques instans encor concentre ta colère :
Alors qu'il faut du sang , qu'on se fie à Barrère.

SCENE III.

KERSAINT, *seul.*

Oui, sans doute , il en faut à ma juste fureur!

Mais c'est le sang impur de ce vil novateur
Qui plonge mon pays dans de profonds abîmes
De maux, d'impiété, de guerres et de crimes.

SCENE IV.

KERSAINT, TOULAN.

KERSAINT.

Accours ; je n'eus jamais plus besoin d'un ami.

TOULAN.

Je sais tout ; je l'ai vu, cet illustre banni.
Quelqu'effort qu'il ait fait pour cacher sa présence,
Il n'a pu de mes yeux tromper la vigilance ;
Et cédant tout à coup à mon empressement,
« Je vois avec plaisir, dit-il en m'embrassant,
« De ta fidélité la constance honorable ;
« Mais j'ai craint pour tous deux l'éclat inévitable
« De ce premier abord.—Non, lui dis-je, Seigneur,
« Je saurai modérer les élans de mon cœur.
« Ah ! n'appréhendez rien dans ce lieu déplorable.
« Tout prend un aspect dur, farouche, épouvantable :
« Les transports d'amitié, la joie ou la fureur
« Semblent également commander la terreur. »
Alors, sans nul détour, m'exaltant sa tendresse,
Il m'apprend qu'il espère enlever la Princesse.
J'ai couru pour savoir quel est votre projet.

KERSAINT.

Va trouver promptement la Princesse en secret ;

Apprend-lui le retour de l'amant qu'elle adore ;
Dis que, pour le soustraire au danger qu'il ignore,
Il faut qu'elle l'oblige à partir de ces lieux ;
Qu'elle lui cache aussi le dessein odieux
De l'hymen dont la fête aujourd'hui se prépare.

SCENE V.

T O U L A N, *seul.*

Je vais donc te revoir, vertu sublime et rare,
Et je pourrai jouir de ma félicité,
Sans devoir t'annoncer une calamité !
Hélas ! ton jeune cœur, nourri dans la tristesse,
Ne ressentit jamais un moment d'allégresse.
Puisse celle qu'ici te prépare l'amour,
N'accroître point le deuil de ce malheureux jour !
C'est-elle !... O des Français souveraine adorée !

SCENE VI.

THÉRÈSE, TOULAN, SOPHIE.

TOULAN.

Illustre rejeton d'une tige sacrée,
Digne objet de nos vœux et de notre respect,
Permettez qu'à vos pieds un fidèle sujet,
Qui, dans ce temps affreux de crime et de démence,
De votre sang toujours embrassa la défense,
De vous servir encor vienne briguer l'honneur.

THÉRÈSE.

J'estime vos vertus ; et si de mon malheur
Quelque chose adoucit l'amertume cruelle,
C'est l'offre généreux que me fait votre zèle :
Mais, hélas ! que peut-il contre cet inhumain
Qui nous tient accablés sous un sceptre d'airain ?
La mort est tout le prix qu'il vous en faut attendre.

TOULAN.

C'est le seul que Toulan en ait osé prétendre ;
Et j'atteste le ciel qu'il lui sera bien doux.

THÉRÈSE.

N'opposerons-nous rien à son fatal courroux ?
Suis-je donc sans appui ? N'est-il plus dans la France...

TOULAN.

Chacun de ce tyran redoute la puissance.
Je serais peu surpris, qu'en ce commun effroi,
Tout le peuple en silence obéît à sa loi.
Il va nous annoncer, de sa bouche profane,
L'existence d'un Dieu, d'un Dieu qui le condamne,
Et qui, las à la fin de tant d'impiété,
Fera voir ce que peut sa divine équité.
Après de vains discours, son audace insolente
Prétend à votre main joindre sa main sanglante ;
Et d'un double malheur vous frappant à la fois,
Ceindre son front hideux du bandeau de nos Rois.

THÉRÈSE.

C'en est assez, Toulan : je vois ce qu'il faut faire ;

Je suivrai la lueur du flambeau qui m'éclaire.
J'irai donc à l'autel, et d'un pas assuré ;
Mais par un trait hardi, ce bras désespéré
Dans son indigne sang saura laver l'offense
Qu'il fait à mes aïeux, et sur-tout à la France ;
Et retirant le fer de son sein palpitant,
Dans le mien, sans frémir, l'enfoncer à l'instant.

TOULAN.

Ah ! Princesse, abjurez un dessein si funeste ;
Laissez-nous employer le moyen qui nous reste :
L'officieux Kersaint, plein de zèle pour vous,
De vos braves amis excite le courroux :
Ne lui ravissez pas la gloire qu'il envie,
D'avoir pu vous sauver et l'honneur et la vie.

THÉRÈSE.

De leur tendre pitié j'ai long-temps abusé :
Mes jours ne valent pas le sang qu'ils ont versé.

TOULAN.

Ce sang vous appartient ; et tout Français, Madame,
Qui connaît son devoir et que l'honneur enflamme,
En bénissant son sort, meurt pour son Souverain,
Soit sur un échafaud, soit le glaive à la main.
Mais lorsque vous voulez renoncer à la vie,
Pensez-vous à l'amant dont vous êtes chérie ?
A ce Prince sensible, aimable et vertueux,
Qui vous est attaché par les plus tendres nœuds ?

THÉRÈSE.

De quel ressouvenir accablez-vous mon ame,

En réveillant en elle une trop vive flamme?
Pardonnez-moi, Toulan, mes honteuses douleurs:
Je découvre à vos yeux la source de mes pleurs.

TOULAN.

Je sais la respecter. Sachez que son courage,
Pour pouvoir de ses feux vous présenter l'hommage,
L'a fait venir braver des dangers inouis.

THÉRÈSE.

Qu'entends-je? Mon amant! Parlez.....

TOULAN.
　　　　　　　　Est dans Paris.
THÉRÈSE.

Louis est dans Paris! Dieu! serait-il possible?

TOULAN.

Voilà de son amour une preuve infaillible.

THÉRÈSE.

Il va se perdre, ô ciel! Si vous l'aimez, Toulan,
Sauvez-le par pitié des fureurs du tyran.
Hélas! après avoir souhaité sa présence,
Faudra-t-il regretter sa trop funeste absence?

TOULAN.

Ne vous alarmez point : Kersaint veille sur lui,
Et vous pouvez compter sur un semblable appui.

THÉRÈSE.

Je frémis du péril où mon amour l'expose.
S'il allait succomber, moi j'en serais la cause!

TOULAN.

Il ne périra point, pourvu que votre cœur
Sache en le revoyant déguiser sa douleur.
Kersaint va l'amener. Tâchez donc qu'il ignore
L'amour et l'attentat du tyran qu'il abhorre ;
Car s'il était instruit de cette iniquité ,
Il pourrait se livrer à quelque extrémité.
Faites, en même temps , qu'à vos ordres docile ,
Il aille loin d'ici chercher un sûr asile :
Qu'il vous fuie, il le faut ; dans ce malheureux jour,
Paris ne lui serait qu'un funeste séjour.
Pour nous, flattés de voir que votre confiance
Remette entre nos mains le soin de sa défense,
Nous allons mériter un choix si glorieux,
En triomphant, Madame, ou mourant à vos yeux.

SCENE VII.

THÉRÈSE, *seule.*

Dieu ! conduis sa valeur, prête-lui ton égide ;
Ecarte de son sein le poignard homicide ,
Et montre à l'univers, de terreur abattu ,
Qu'en frappant les méchans, tu soutiens la vertu.

FIN DU DEUXIÈME ACTE.

ACTE TROISIÈME.

—

SCENE Ire.

THÉRÈSE, *seule*.

Toi, que ma bouche appelle et que mon ame adore,
Toi, que je cherche et crains de rencontrer encore,
Cher Prince! quand pourrai-je, au comble du bonheur,
Te voir, t'entretenir sans gêne et sans terreur?
Parmi tant de périls, une flamme constante
Te fait venir chercher ta malheureuse amante....
Trop chère illusion qui flatte mes esprits!
Devrais-je me fier sur le cœur de Louis?
Prétendre que mes yeux, toujours trempés de larmes,
Auront encor pour lui des douceurs et des charmes?
Que mes faibles attraits flétris par ce séjour,
N'éteindront point en lui tout sentiment d'amour?
Mais non; de mon bonheur ne troublons point la joie...
Juste ciel! quel mortel permets-tu que je voie?

SCENE II.

THÉRÈSE, LOUIS.

LOUIS.

C'est ton fidèle amant qui vient mettre à tes pieds

L'amour, le tendre amour dont nos cœurs sont liés,
Qui , rempli , transporté de ce feu qui me touche ,
Vient t'arracher des fers du despote farouche ;
Et qui , si le destin s'obstine à le trahir,
Va du moins près de toi se défendre et mourir.

THÉRÈSE.

Ah, cher Prince ! écartez le sinistre présage
Que fait naître en mon cœur votre imprudent langage.
N'allez point, par l'éclat d'un inutile effort,
Recevoir à mes yeux l'inévitable mort.
Voyez de votre sang cette terre fumante ;
Ah ! vos dangers, Seigneur, me glacent d'épouvante.

LOUIS.

Crois-tu donc que sur moi le destin que je hais,
N'a pas de son courroux épuisé tous les traits ?
La mort, qui doit finir l'excès de ma misère ,
Que ne l'ai-je reçue à côté de ton père !

THÉRÈSE.

Jour à jamais affreux de deuil et de forfaits !

LOUIS.

Je partage avec toi des si cuisans regrets ;
Mais n'empoisonnons point ce moment d'allégresse ;
Livre-toi , cher objet d'amour et de tendresse,
Sans art et sans contrainte , à cet instinct charmant
Qui t'unit dès l'enfance au cœur de ton amant.
Tu t'en souviens : ce feu dont l'ardeur me dévore,

Fut le brillant flambeau qui guida notre aurore.
Pour moi, que les malheurs et l'absence et le temps
N'ont fait que redoubler ces premiers sentimens,
Aurai-je le bonheur que, d'un amour si belle,
Ton esprit ait gardé la mémoire fidelle ?
Sous cet espoir flatteur, de cent pays divers
J'ai bravé pour te voir les climats et les mers.
Puisse-tu, quand le sort t'a rendue à mes larmes,
Du plaisir que je sens ne point troubler les charmes !

THÉRÈSE.

Moi, le troubler ! Ingrat ! est-il en mon pouvoir ?
Tout parle en ta faveur, l'amour et mon devoir.
Ignores-tu, Louis, que mon ame, qui t'aime,
Exécute du Roi la volonté suprême ?
C'est mon père, en un mot, dont l'auguste bonté
Te nommant mon vainqueur, fit ma félicité.

LOUIS.

O bonheur inoui ! ma flamme est légitime !

THÉRÈSE.

En quel moment fatal ce prince magnanime,
Scella-t-il de nos cœurs l'union et l'amour ?

LOUIS.

Daigne me rappeler ce trop fortuné jour ;
Et mêle à ton récit l'épouvantable histoire
D'un fait que l'avenir ne pourra jamais croire.

THÉRÈSE.

Je vais te satisfaire. Ecoute, en frémissant,

De nos malheurs passés le récit déchirant.
A peine le soleil, dans sa courte carrière,
Eclairait l'univers de sa faible lumière,
Qu'un des zélés gardiens de nos cachots affreux,
Par le bruit des verroux me fit ouvrir les yeux.
C'était des assassins la horde sanguinaire,
Qui venait pour traîner mon trop malheureux père,
Où l'allait immoler son féroce ennemi.
Bientôt dans ma prison je vois entrer Cléry,
Qui, me cachant des pleurs qu'il est prêt à répandre,
Auprès de ce bon Roi me presse de me rendre.
Hélas ! depuis dix jours je ne l'avais pas vu :
Je tressaillis de joie à cet ordre imprévu.
Traversant au milieu de la troupe cruelle,
Je trouve enfin Louis, qui me voit et m'appelle :
« Thérèse ! approche; viens de mes derniers instans
« Adoucir les horreurs par tes embrassemens,
« Et me faire oublier que l'échafaud s'apprête,
« Et que sous son couteau je vais porter ma tête. »
A ces mots foudroyans, mon visage pâlit;
La lumière céleste à mes yeux s'éteignit ;
Il sembla que la mort, avec des cris funèbres,
Me sommait de descendre au séjour des ténèbres.

LOUIS.

Du sort qui me poursuit la funeste rigueur,
De défendre ses jours m'envia la douceur.

THÉRÈSE.

« Calme-toi, reprit-il, et montre en ta misère,

« Ce courage brillant qui distingue ta mère.
« Tu sais que j'ai perdu, dans ce trouble odieux,
« Le trône où s'asseyaient mes augustes aïeux,
« Et que, du même coup, la colère céleste
« M'a ravi tous mes biens. Ta main seule me reste ;
« Et confirmant le nœud que la Reine a formé,
« Je la donne à Louis, mon neveu bien-aimé.
« Tels sont mes derniers vœux. J'espère que ma fille
« Ne démentira point le sang de sa famille.
« Ah ! lui dis-je, il m'est doux de respecter, Seigneur,
« Un ordre si conforme au penchant de mon cœur :
« Mais vous vivrez, mon père ; et, de cet hyménée,
« Votre main serrera la chaîne fortunée.
« Dissipez votre erreur : non, vous ne mourrez pas ;
« Laissez-moi seulement suivre par-tout vos pas ;
« Mon désespoir, mes cris fléchiront le barbare :
« Il n'achèvera point le forfait qu'il prépare. »
Mon père m'écoutait dans ce calme imposant
Que donne la vertu dans un cœur innocent.
La bonté, la candeur, par un doux assemblage,
Relevaient tout l'éclat de son ferme courage.
Jamais plus de grandeur et plus de majesté
N'ont siégé sur le front de la Divinité.
Modeste sans orgueil, triste, mais sans alarmes,
D'une main paternelle il essuyait mes larmes,
De l'autre il me pressait sur son sein palpitant.
Sa pitié, ses transports et son regard touchant,
Avaient saisi mon cœur d'une volupté pure :
Chers et puissans effets de la tendre nature,

Vous m'aviez enivrée, et vos douces erreurs
Du sort qui m'attendait me cachaient les horreurs !
Quand, me tournant au bruit d'une marche traînante,
Que vis-je ?... Non, l'enfer cause moins d'épouvante :
Il me semble encor voir de ces monstres affreux,
Tous les informes traits et les haillons hideux.
Je n'y pus résister ; une sueur mortelle
Vint m'entr'ouvrir les bords de la nuit éternelle.
Mon père, au même instant, s'échappa de mes bras ;
Et lorsque je sortis des ombres du trépas,
Je n'entendis au loin que des rumeurs atroces,
Des blasphêmes affreux et des hymnes féroces :
Je prévis que ce Roi, pour prix de ses bienfaits,
Avait perdu le jour des mains de ses sujets.

LOUIS.

A quels excès d'horreurs, de crime et d'infamie
Les Français ont porté leur aveugle furie !
Ils en sont bien punis !

THÉRÈSE.

Et combien leurs malheurs,
Au lieu de me venger, me font verser des pleurs !

LOUIS.

Pourquoi faut-il qu'un être enclin à la clémence,
Dans ce pays barbare ait reçu l'existence ?
Instruit par tes vertus, j'oublie en ces momens,
Les maux que j'ai soufferts depuis quatre printemps.
Proscrit, désespéré, dans des terres lointaines,

J'ai traîné mes ennuis, mon amour et mes peines.
Je t'appelais en vain du milieu des déserts ;
Mes sanglots et mes cris se perdaient dans les airs.
Mais lorsque de mes feux l'extrême violence,
N'a pu de tes attraits souffrir la longue absence ;
Que, quittant tous les miens, pour revoir tes beaux yeux,
Pour t'arracher des mains du tyran furieux,
J'arrive ; je ne vois, dans ma triste patrie,
Que des débris fumans d'un immense incendie ;
Des temples démolis, des châteaux embrasés,
Des villes et des bourgs par le fer écrasés :
Je vois, de toutes parts, errer, sur ces décombres,
De tant d'innocens morts les gémissantes ombres ;
Des tigres acharnés, assis au premier rang,
Avides de carnage et nourris dans le sang,
Recherchant à l'envi de signaler leurs crimes,
Se disputer l'horreur d'égorger des victimes.

THÉRÈSE.

Qui connaît mieux que moi, de ces monstres affreux,
L'inaltérable soif du sang des malheureux ?
Les cruels n'ont-ils pas proscrit aussi ma tête ?

LOUIS.

Proscrite ! toi ! Grand Dieu ! ta foudre est-elle prête ?
Tonne donc à la fin, et que ton feu vengeur
Surpasse leurs forfaits, ainsi que ma fureur !
C'est alors que tes coups, réparant mon offense,
Me feront adorer ta suprême puissance !
Mais ton fatal courroux ne veut que m'accabler ;

Ce n'est que mes parens que tu sais immoler.
Tu vois sans t'émouvoir ensanglanter la terre,
Profaner tes autels. Que fais-tu du tonnerre ?

THÉRÈSE.

Respecte les desseins de la Divinité.
Ce Dieu, dont ta douleur méconnaît la bonté,
Peut laisser quelquefois tourmenter l'innocence :
Il n'en veille pas moins dans l'ombre du silence.
D'un regard ou d'un geste il pourrait écraser
Quiconque, ainsi que nous, oserait l'offenser.
Espérons que bientôt l'infortune éplorée
Percera de ses cris cette voûte azurée,
Et que Dieu, paraissant de son tonnerre armé,
Vengera l'univers par le crime opprimé.

LOUIS.

Eh bien ! qu'à l'avenir ta morale touchante
Dirige de mon cœur la fougue trop ardente :
Je chéris le pouvoir quelle a pris sur mes sens.

THÉRÈSE.

On vient. Eloigne-toi : fuis !

LOUIS.

Il n'en est plus temps.

THÉRÈSE.

Dieu ! nous sommes perdus.

SCENE III.

THÉRÈSE, LOUIS, ROBESPIERRE, *Gardes.*

ROBESPIERRE.

Quel est le téméraire
Qui vient par son aspect exciter ma colère?
Le Prince! Quoi! Louis! me trompez-vous, mes yeux?

LOUIS.

Tu l'as dit; oui, c'est lui.

ROBESPIERRE.

Toi, perfide, en ces lieux!
Tu viens chercher la mort.

LOUIS.

Ta présence l'annonce.

ROBESPIERRE.

Misérable transfuge! est-ce là ta réponse?
Le peuple va venger dans ton indigne flanc,
La perte d'un ami, d'un père ou d'un parent.

LOUIS.

Ah! si de tels forfaits provoquaient sa vengeance,
Traître, tu n'aurais point fatigué sa constance :
Les Français, la nature et les cieux irrités,
N'auraient point à rougir de tant d'impunités.

ROBESPIERRE.

Ils n'en rougiront plus; l'horreur de ton supplice

Va te faire approuver leur suprême justice.

LOUIS.

Je la méconnaîtrais, barbare, si mon cœur
N'était point prévenu qu'il est un Dieu vengeur.
Déjà, pour terminer le règne de tes crimes,
J'entends l'enfer mugir, et je vois ses abîmes
Prêtes à recevoir, dans leurs gouffres ouverts,
Ta vie et tes forfaits, qui troublent l'univers.

ROBESPIERRE.

Ah, traître! C'en est trop! tu méprises ma rage,
Sans craindre que ce fer....

THÉRÈSE.

Pardonnez cet outrage.

ROBESPIERRE.

Dans ton sang odieux.....

THÉRÈSE.

Arrêtez! Ah! cruel!

LOUIS.

Frappe, vil assassin.

SCENE IV.

THÉRÈSE, LOUIS, ROBESPIERRE, TOULAN,
Gardes.

TOULAN.

C'est Robespierre! O ciel!

ROBESPIERRE, *à Toulan.*

Ton indignation égale ta surprise,
De voir un factieux dont la folle entreprise,
D'un coupable parti flattant le vain orgueil,
Croit replonger la France en un séjour de deuil.
Mais je vais prévenir sa haine et notre injure.

TOULAN.

Va, les séditieux vont périr, je le jure !
Ou mon bras, n'écoutant qu'un furieux transport....

ROBESPIERRE.

Non, c'est sur l'échafaud qu'il recevra la mort.
D'un exemple éclatant l'appareil effroyable,
Étonnera des siens la tourbe abominable.
Toi, conduis-le, Toulan, dans le fond des cachots :
Cependant que je vais le livrer aux bourreaux.

THÉRÈSE.

Quoi, rien ne peut calmer votre aveugle furie !

LOUIS.

Que fais-tu ?

THÉRÈSE.

Pour toi seul Thérèse s'humilie.

LOUIS.

Va, mon sort est trop beau si je meurs près de toi,
Si ma cendre se mêle à celle de mon Roi.

THÉRÈSE.

Je n'y survivrai pas.

LOUIS.

Vis pour m'aimer encore,
Autant que pour haïr le tyran que j'abhorre.

ROBESPIERRE.

Qu'on l'entraîne. Partez, et répondez de lui.

THÉRÈSE.

Dieu juste, Dieu puissant, dont j'implore l'appui,
Sur des infortunés daigne jeter la vue !

SCENE V.

THÉRÈSE, ROBESPIERRE.

ROBESPIERRE.

Eh bien ! vous vous taisez et restez confondue !
Je ne vous connais plus ; la crainte et la douleur
Sur votre front superbe impriment la pâleur !
Mes bontés, je le vois, excitaient votre audace ;
Mais leur terme est passé : n'espérez plus de grâce.

THÉRÈSE.

Vous me connaissez mal en pensant que mon cœur,
Pour mes jours importuns éprouve la terreur :
Un intérêt plus cher me fait verser des larmes.

ROBESPIERRE.

J'entends.... C'est mon rival qui cause vos alarmes.
Mais il jouira peu d'un bonheur aussi doux ;
Et votre amour pour lui me vengera de vous.

THÉRÈSE.

Où va-t-il? Arrêtez, tyran impitoyable!

SCENE VI.

THÉRÈSE, *seule.*

Ah! mon ame succombe au trouble qui l'accable.
Kersaint ne paraît point! Que vais-je devenir?
O Dieu! si cependant Louis allait périr!
Je n'y tiens plus. Allons, que j'apprenne sur l'heure
Si je puis le sauver, ou s'il faut que je meure.

FIN DU TROISIÈME ACTE.

ACTE QUATRIÈME.

—

SCENE Ire.

THÉRÈSE, KERSAINT.

THÉRÈSE.

C'est moi qui l'ai perdu ! C'est mon fatal amour,
Cher Prince, cher amant, qui t'arrache le jour.
Mes vœux, qui fatiguaient la justice divine,
Ont hâté ton retour et causé ta ruine.
Puisse le juste ciel ne foudroyer que moi !

KERSAINT.

Calmez, au nom de Dieu, le trouble où je vous voi,
Et conjurons ensemble, à force de prudence,
Le danger où l'a mis sa vive impatience.
Moi-même à vos regards j'allais le présenter ;
Mais à peine un instant ai-je dû le quitter,
Que, n'écoutant plus rien que le feu qui le guide,
Il s'est venu livrer au poignard homicide.

THÉRÈSE.

Il mourra. Le tyran qui m'aime et que je hais,
Au sang dont nous sortons pardonna-t-il jamais ?

KERSAINT.

Vous pouvez, toutefois, enchaîner sa colère,
Et sauver votre amant.

THÉRÈSE.

Comment? Que dois-je faire?
Parlez, exigez tout, s'il ne faut que périr
Ou frapper le tyran.

KERSAINT.

Non, il faut l'adoucir.

THÉRÈSE.

Qui? moi! j'irais, Kersaint, me couvrir d'infamie?

KERSAINT.

Louis est dans les fers.

THÉRÈSE.

Vous m'arrachez la vie.

KERSAINT.

Paraissez du despote approuver le dessein,
Lui faisant espérer d'obtenir votre main,
Pourvu que de Louis la prompte délivrance
Soit le prix assuré de votre complaisance.
De fidèles amis, placés hors du rempart,
Lui faciliteront un prompt et sûr départ;
Alors, libre des soins que le besoin exige,
Votre cœur quittera ce détour qui l'afflige.

THÉRÈSE.

Mais engager ma foi!

KERSAINT.

C'est pour gagner du temps.
Vous n'aurez pas besoin d'employer les sermens;

Et dans une heure au plus, par la mort du barbare,
Nous vous affranchirons du joug qu'il vous prépare.
Le temps presse : songez qu'en ce moment affreux,
L'autel et l'échafaud sont dressés tous les deux.

THÉRÈSE.

Que d'horreurs à la fois ! ô Dieu !

KERSAINT.

Feignez.

THÉRÈSE.

Moi, feindre!
Mon cœur à son aspect voudra-t-il se contraindre ?

KERSAINT.

Il le faut, fléchissons.

THÉRÈSE.

Quelle nécessité !

KERSAINT.

Vous sauverez Louis de sa férocité,
Sans que vous exposiez.... Mais j'aperçois le traître.
Pensez à nous servir.

THÉRÈSE, *seule*.

Ciel, je le vois paraître !
Où me cacher ? Mon Dieu, s'il est en ton pouvoir,
Donne à mon triste cœur la force de le voir.

SCENE II.

THÉRÈSE, ROBESPIERRE.

ROBESPIERRE.

Princesse, à mon abord dissipez toute crainte ;
Je ne viens point ici, vous exposant ma plainte,
En amant courroucé demander les raisons
De votre ingratitude et de vos trahisons.
Comme roi, comme amant, je pardonne l'offense ;
Pour vous seule une fois je me fais violence.
Je consens avec vous qu'en des temps plus heureux,
Votre cœur pût prétendre à former d'autres nœuds ;
Mais ces temps sont changés, il faut changer de même,
Et suivre du destin la volonté suprême.
Si Louis vous est cher, il le faut oublier :
Lui garder votre foi, c'est le sacrifier.
Déjà tous les Français me demandent sa tête ;
Je la leur ai promise, et l'échafaud s'apprête :
Cependant je vous fais maîtresse de son sort ;
Un seul mot le rend libre ou l'envoie à la mort.

THÉRÈSE.

Quoi ! d'un beau destin vous me rendez l'arbitre !
Je puis sauver Louis !.... peu m'importe à quel titre.
Mais ne pourrais-je pas, par un court entretien,
L'exhorter de ma bouche à souffrir un lien
D'où dépend de tous deux le repos et la vie ?

ROBESPIERRE.

Je ne puis cette fois contenter votre envie.
Vous connaissez assez son caractère ardent,
Pour n'attendre de lui qu'un conseil imprudent :
Qu'il parte sans vous voir ; et, dans ce cas extrême,
Pensant à votre état, réglez-vous par vous-même.
Quand vous aurez parlé, sa prison s'ouvrira,
Et jusqu'en un lieu sûr Toulan le conduira.

THÉRÈSE.

Qu'ai-je à vous opposer? Je connais ma faiblesse.
En de dangers pressans je sens que la sagesse
Me dit qu'il faut céder et suivre, malgré soi,
De la nécessité l'impérieuse loi.

ROBESPIERRE.

Cette loi du bonheur vous ouvre la carrière.
Sans parens, sans amis, hier ma prisonnière,
Aujourd'hui vous montez au trône glorieux
Qu'occupèrent long-temps vos superbes aïeux.
Assise à mes côtés, à l'abri de mon sceptre,
Vous verrez devant vous l'univers se soumettre.

THÉRÈSE , *avec ironie.*

Que d'honneur et de biens ! Comment y résister?
C'est en vain que mon cœur voudrait se révolter :
La raison , l'intérêt exercent leur empire,
Et l'amour, en pleurant, devant eux se retire.

ROBESPIERRE.

De la soumission mon orgueil est jaloux ;

Mais ne puis-je obtenir un sentiment plus doux ?

THÉRÈSE.

J'en ai trop dit, sans doute, et mon ame confuse
Sur un pareil oubli n'aurait aucune excuse,
Sans le motif sacré qui la force d'agir.

ROBESPIERRE.

Votre scrupule est vain ; vous ne sauriez rougir,
Quand d'un époux charmé vous rassurez la flamme...

THÉRÈSE.

Louis est en prison. Vous m'avez dit....

ROBESPIERRE.

Madame,
Je vais l'en délivrer. Par ce généreux trait,
Voyez de mon amour jusqu'où va le respect.

SCENE III.

THÉRÈSE, *seule.*

Va crédule tyran ! ton cœur a-t-il pu croire,
Qu'à te donner ma foi j'abaisserai ma gloire ?
Tu me verrais plutôt, d'une intrépide main,
Par cent coups de poignards te déchirer le sein ;
Venger de tous les miens.....

SCENE IV.

THÉRÈSE, SOPHIE.

THÉRÈSE.

Est-ce toi, ma Sophie ?

Qu'a-t-on fait? qu'as-tu vu? Louis est-il en vie?
Est-il en sûreté?

SOPHIE.

Le vertueux Toulan
Ne l'abandonne pas de ses soins vigilans.
De Robespierre en vain les bourreaux mercenaires,
Exprimant sans détour leurs désirs sanguinaires.
Leurs blasphêmes affreux, leurs cruels hurlemens,
D'une profonde horreur avaient glacé mes sens ;
Mais Toulan, qui voyait le trouble de mon ame,
M'a dit d'un air serein : « Rassurez-vous, Madame ;
« Ces farouches maintiens, ces menaces, ces cris,
« N'en imposeront point à nos braves amis :
« Toujours l'homme de bien confond par son courage,
« Du lâche meurtrier l'impitoyable rage ;
« L'un défend l'innocence, et tombe avec honneur,
« L'autre égorge le faible, et la mort lui fait peur. »

SCENE V.

THÉRÈSE, LOUIS, SOPHIE.

THÉRÈSE.

Ah! Prince, vous voilà! Le destin moins sévère,
Me permet de jouir d'une vue aussi chère?

LOUIS.

O doux et digne objet qui remplis tout mon cœur!
Le ciel, dont tes vertus ont fléchi la rigueur,
Par la main de Toulan vient de briser ma chaîne.

Pourtant à sa bonté mêlant un peu de haine,
Il ose insinuer à nos cruels amis
De me faire soudain abandonner Paris;
Et leur triste pitié pour des jours que j'abhorre,
Prétendait m'empêcher de te revoir encore :
Ils n'ont voulu céder à mon bouillant désir,
Qu'à la condition que je devrai partir.
Toi, qui de mon amour connaît la violence,
Juge si cet effort peut être en ma puissance!

THÉRÈSE.

Tes amis, en cela, secondent tous mes vœux;
Impose à ton ardeur un effort généreux.
Vas, fuis, et laisse-moi dans ma tristesse extrême.
Souviens-toi seulement quelquefois que je t'aime;
Espérant que le ciel nous rejoignant un jour,
Unira de nos cœurs la fortune et l'amour.

LOUIS.

Eh bien! quittons ensemble une ingrate patrie
Qui n'offre que la mort, le fer, l'ignominie.
Viens couronner mes feux dans ce lieu fortuné,
Humble asile d'un Roi du sort abandonné.
Là, fuyant des grandeurs la faveur mensongère,
Tu vivras près d'un Roi, d'un époux et d'un père.
Là, plein d'un sentiment qui ne peut s'altérer,
Je pourrai chaque jour te voir et t'adorer.
Quel plaisir pour mon cœur! Mais quoi, le tien soupire!
Est-il quelqu'autre bien qu'en secret il désire?

THÉRÈSE.

Hélas!

LOUIS.

Sèche tes pleurs ; viens ; confie à mes vœux
De ta chaste vertu le dépôt précieux.
Je t'aime, et cet amour qui t'asservit mon ame,
Ce désir tendre et pur qui m'agite et m'enflamme,
Attend , pour éclater, le moment bienheureux
Où nous serons unis par le plus saint des nœuds.
Je ne puis désormais ceindre ta belle tête,
Que d'un bandeau de fleurs, tissu qu'amour apprête,
Que ma main posera sur ton front séduisant ;
Tes yeux remplaceront le feu du diamant.
Mais enfin, n'attends point le tyran en furie ;
Viens, suis mes pas ; fuyons, l'amitié t'en convie.

THÉRÈSE.

Eh! le puis-je, Louis? Va, sois sûr que mon cœur
Voudrait s'abandonner à son penchant vainqueur.
Mais veux-tu que fuyant de ce séjour funeste,
De nos amis voués j'aille livrer le reste
Au cruel assassin qui, pour les écraser,
De mon enlèvement saurait les accuser?
Alors, meurtre, échafaud, tout serait légitime,
Et de ces malheureux j'aurais creusé l'abîme.
Que dis-je? je te trompe : et quand cette raison
Ne m'enchaînerait point à ma triste prison,
Crois-tu que de mon cœur la faiblesse incroyable,
Voudrait se détacher de ce lieu détestable?
D'un pouvoir inconnu je ne sais quelle loi

4

Aux mains de mes tyrans me retient malgré moi :
Soit effet de l'instinct, soit espoir de vengeance,
Soit amour du pays si cher à mon enfance,
Ou la cendre du Roi qui repose en ces lieux,
Le moment du départ me serait odieux.

LOUIS.

Qu'entends-je? se peut-il? je vois bien, infidelle,
Que ces murs teints de sang, que ta prison cruelle
Et l'aspect des bourreaux, t'inspirent moins d'effroi
Que le brûlant amour que je ressens pour toi.
D'un amant détesté la constance invincible,
Est un supplice affreux pour une ame sensible.

THÉRÈSE.

Louis!

LOUIS.

(Se jetant à ses pieds.)
Dieu! qu'ai-je dit? Pardonne ma fureur!
Cet infâme soupçon n'entre point dans mon cœur.
Pardonne mes transports! Une idée aussi noire,
Faisant rougir mon front, ne ternit point ta gloire.
La crainte, les malheurs, l'amour et ses tourmens,
D'un sombre désespoir ont pénétré mes sens.

THÉRÈSE.

Pourquoi donc te livrer au trait qui te déchire?
Ecarte un souvenir qui ferait ton martyre,
Et crois que le Très-Haut dans sa toute bonté,
Recule seulement notre félicité.

SCENE VI.

THÉRÈSE, LOUIS, KERSAINT, SOPHIE.

KERSAINT.

On vous attend, Seigneur ; songez que le temps presse.
Allez ; confiez-nous le sort de la Princesse.

LOUIS.
(A Thérèse.)

Je me soumets ; je pars. Reconnais ton pouvoir.

THÉRÈSE.

Ta générosité comble tout mon espoir.

SCENE VII.

THÉRÈSE, KERSAINT, SOPHIE.

THÉRÈSE.

Il part, et je demeure ! O destinée affreuse !

SOPHIE.

Calmez de votre cœur l'atteinte douloureuse.

KERSAINT.

Daignez vous retirer ; le tyran va venir.
Espérez que bientôt vos tourmens vont finir.

THÉRÈSE.

Je n'en puis plus porter le fardeau qui m'accable ;
Ils sont trop déchirans.

SCENE VIII.

KERSAINT, *seul.*

Princesse déplorable !
Je ressens de tes maux toute la cruauté ;
Pour les faire cesser que n'ai-je point tenté !
En toute occasion pliant mon caractère,
J'ai d'un républicain affecté l'air austère,
Et d'un peuple ignorant flatté l'illusion.
Tantôt d'un factieux je sers l'ambition,
Tantôt des assassins caressant la furie,
Sur moi, de tous côtés, j'attire l'infamie.

SCENE IX.

ROBESPIERRE, KERSAINT.

ROBESPIERRE.

Rien ne s'oppose plus. à mon contentement :
De la princesse enfin j'ai le consentement ;
Et le ciel favorable, achevant ma conquête,
D'un rival détesté va me livrer la tête.

KERSAINT.

Quel est donc le rival que tu vas immoler ?

ROBESPIERRE.

Sous le fer meurtrier tout son sang doit couler :
Toulan me l'a promis ; tu vas le voir paraître.

KERSAINT.

La victime !

ROBESPIERRE.

Kersaint peut-il la méconnaître ?
Croit-il que quand le sort m'avait livré Louis.....

KERSAINT.

Que dis-tu ? Quoi ! le Prince....!

ROBESPIERRE.

Oui. Tu sembles surpris !
Toulan va dans son sang effacer mon injure.

KERSAINT.

Toulan s'en est chargé ! ce nom seul me rassure ;
Car je craignais d'abord qu'à d'infidelles bras
Tu n'eusses confié le soin de son trépas ;
Mais j'étais dans l'erreur, et vois qu'en cette affaire ,
Tu n'as point oublié ta sagesse ordinaire.

ROBESPIERRE.

As-tu vu Henriot? Puis-je compter sur lui?

KERSAINT.

J'ai d'un assez haut prix acheté son appui :
Ne pouvant, par l'honneur, vaincre sa résistance ,
Il m'a fallu de l'or employer la puissance.

ROBESPIERRE.

Je suis sûr que le lâche eût été contre moi,
Si quelque ambitieux l'eût mieux payé que toi.

KERSAINT.

Tu n'en saurais douter.

ROBESPIERRE.

En ce cas, ma colère
Garde à sa perfidie un plus digne salaire.
Mais, grâces à tes soins, je verrai mon dessein
A l'abri des dangers d'un combat incertain,
Où le ciel bien souvent cessant d'être propice,
Au moment de régner vous conduit au supplice.
Combien de bons marins qui, par un coup du sort,
Sont venus de très-loin faire naufrage au port!

KERSAINT.

Tu ne redoutes point une pareille chance ;
Tes projets sont conduits avec tant de prudence,
Que de les déjouer il n'est aucun espoir.

ROBESPIERRE.

Malheur à qui voudrait attaquer mon pouvoir.
Si la Vendée a pu, dans son aveugle rage,
S'obstiner à servir le règne d'esclavage ;
Si de mes ennemis son sein est le foyer,
J'ai, pour me venger d'elle, expédié Carrier.
De la destruction rien ne peut la défendre ;
Par le fer et le feu je veux la mettre en cendre.
Son peuple n'a que trop arrêté mes desseins,
Il faut qu'en périssant, ses regards inhumains
Ne trouvent autour d'eux qu'un vaste cimetière,
Où par-tout soit empreint le nom de Robespierre.

Il en sera plus grand chez la postérité:
On distingue les dieux par leur férocité.

KERSAINT.

Eh quoi! femmes, enfans, subiraient les supplices?

ROBESPIERRE.

Des pères, des époux, ne sont-ils pas complices?
Ils le seraient un jour; et par quelques forfaits,
Ils vengeraient sur moi les malheurs des Français.
N'est-il pas plus prudent d'étouffer dans leurs sources,
Des torrens qu'on ne peut arrêter dans leurs courses?
Risquer d'être entraîné par leurs débordemens,
Pour l'indigne pitié d'égorger des enfans!
Mais les momens sont chers; entends-tu la trompette,
Qui mène au Champ-de-Mars nos guerriers pour la fête?
Toi, tandis qu'au sénat je vais me réunir,
Suis-les en diligence et va tout prévenir.
Moi, bientôt au milieu d'une superbe élite,
Qui forme désormais et ma cour et ma suite,
J'arrive, je m'élance au sommet de l'autel;
Là, ma voix captieuse invoque l'Eternel.....
Vain mot; mais dont l'adroit et sage politique
Se sert pour usurper l'opinion publique.
Par de pompeux discours j'étale avec hauteur,
Aux Français étonnés ma future grandeur.
Aux pervers indigens je promets la licence;
Aux pauvres abrutis j'annonce l'abondance:
Mais changeant aussitôt de langage et d'humeur,
Aux riches, aux savans j'inspire la terreur.

A leurs yeux éclairés, mon barbare artifice
Présente constamment l'exil ou le supplice.
Dans ce mélange heureux d'espérance et d'effroi,
J'ôte le voile enfin, et leur proclame un Roi.
Alors, pour couronner ma gloire et ma tendresse,
Tu parais à l'autel suivi de la Princesse.

FIN DU QUATRIÈME ACTE.

ACTE CINQUIÈME.

SCENE Iʳᵉ.

LOUIS, *seul.*

Aʜ! respirons enfin. Quel séjour! Juste ciel,
Tu n'extermines point ce peuple criminel!
Ta foudre est donc éteinte, ou ton intelligence
Agit sans volonté, sans but et sans puissance?
Il n'est plus de vertus. Oui, la contagion
A distillé par-tout son infernal poison.
Mais se peut-il, grand Dieu! que Thérèse, en son ame,
Ait conçu froidement cette noirceur infàme?
Se peut-il que ce front où siége la candeur,
Soit d'un être avili le miroir imposteur?
Tout ce qu'ont de sacré le ciel et la nature,
Est employé par elle à couvrir un parjure:
Les larmes, l'amitié, l'amour et les sermens
Contre ce cœur pervers sont de faibles garans.
Elle le veut, je pars, faisant taire pour elle
Les tendres sentimens que trahit la cruelle.
Séduit par les conseils de ces lâches amis,
Sans plainte et sans soupçon j'abandonnais Paris,
Lorsqu'un tumulte affreux et des chants d'hyménée

Viennent frapper de loin mon oreille étonnée.
Je me sens assiéger d'un noir pressentiment :
Hélas ! le malheureux se trompe rarement !
Le bruit redouble, on vient ; mes gardes en pâlissent,
Et d'horreur, malgré moi, mes entrailles frémissent.
On approche ; je cours, je m'élance éperdu
Parmi les flots mouvans de peuple confondu ;
Je m'informe, et j'apprends que ma perfide amante
Allait joindre sa main à la main dégoûtante
Du sang de tous les siens. A ces mots déchirans,
Un courroux forcené s'empare de mes sens :
Je ne respire plus que meurtres et vengeance.
Emporté par les flots de cette foule immense,
Nous arrivons bientôt dans les funestes lieux
Où devait s'accomplir cet hymen odieux.
J'y cherche, mais en vain, les objets de ma rage ;
Le peuple avait déjà prévenu mon outrage.
A peine le tyran avait-il annoncé,
De son fatal amour le désir insensé,
Que d'un commun effort cette foule intrépide,
A fait crouler l'autel sous les pieds du perfide.
Enfin, lorsque je viens dans ce lieu détesté,
Trompé par mes amis, honteux, persécuté,
Dévoré de chagrins, de vengeance et de haine,
Quand je veux de mépris accabler l'inhumaine,
Quand je dois l'oublier, jamais mon lâche cœur
N'adora ses attraits avec plus de fureur.

SCENE II.

LOUIS, KERSAINT.

KERSAINT.

Ah! Seigneur, vous voici! Qu'espérez-vous donc faire?

LOUIS.

Mon départ, j'en conviens, était fort nécessaire;
On aurait pu jouir avec impunité,
De l'exécrable fruit de son iniquité :
Le reproche est gênant; et chacun, par prudence,
N'en voulait recevoir que de sa conscience;
Certes, c'était choisir un bien doux châtiment!
Mais, vous, de la beauté directeur indulgent,
Patriote fidèle autant qu'ami sincère,
Vous pouviez mériter un plus digne salaire,
En portant à celui qui solde vos exploits,
Le cadavre sanglant d'un neveu de vos Rois.
J'eusse reçu de vous un signalé service!

KERSAINT.

Ainsi de vos soupçons la cruelle injustice
Donnant un libre cours à ses transports jaloux,
Outrage, sans égard, votre amante et nous tous.
Voilà quel est le prix de votre délivrance.
Mais il ne s'agit point de notre récompense;
Mon devoir l'ordonnait; je vous sers; je le dois.
Qu'importent vos mépris! Ma vie est à mes Rois.
Mais épargnez au moins cette Princesse auguste,

Digne d'un meilleur sort et d'un amant plus juste ;
Cet objet qui vous aime, et dont les chastes feux
Sont purs comme celui qui brûle au haut des cieux.

LOUIS.

Tu voudrais m'abuser ; mais cette fête impie,
Ce peuple, ces soldats, cette troupe en furie,
Ce chant affreux d'hymen vers le ciel élancé,
Cet autel, en un mot.....

KERSAINT.

                    Et qui l'a renversé ?
Parlez ; n'est-ce pas ceux de qui vos injustices
Reconnaissent si mal les glorieux services ?
Eh ! quel autre que nous, fidèle à son devoir,
Du despote orgueilleux a sapé le pouvoir ?
J'ai dû de nos desseins vous cacher le mystère.
Les bras dont je me sers pour perdre Robespierre,
S'il fallait vous frapper, s'uniraient avec lui.
Vous seriez seul victime ; et Thérèse aujourd'hui,
Pour conserver vos jours s'abandonne elle-même
A toute la fureur du barbare qui l'aime ;
Car ce divin objet de vos transports jaloux,
A non moins de courage et plus d'amour que vous.

LOUIS.

Oui, c'est bien là le cœur de cette infortunée ;
Je connais sa tendresse, et je l'ai soupçonnée !
Juste Dieu, quelle était mon aveugle fureur !
Je suis un monstre affreux, et je me fais horreur !

KERSAINT.

Si vous êtes touché de son amour extrême,
Prenez soin de vos jours sauvés par elle-même ;
Fuyez ; ne rendez point son ouvrage imparfait ;
Vivez pour son bonheur.

LOUIS.

Vous serez satisfait ;
Je vais justifier une flamme si belle.
Adieu. Vous apprendrez si je suis digne d'elle.

KERSAINT.

Ah! Seigneur, arrêtez ; qu'allez-vous faire? Hélas !
Ayez pitié des maux... Il ne m'écoute pas.
Joignons-le sur le champ. Je crains que son audace
Ne lui fasse trouver le sort qui le menace.

SCENE III.

KERSAINT, BARRÈRE.

BARRÈRE.

C'en est fait! plus d'autel. L'insolent factieux
Invoquait vainement le souverain des cieux :
En vain s'adressait-il au peuple qu'il outrage,
Ses discours n'ont produit que des accès de rage.
Rassure-toi, Kersaint, et, d'un esprit content,
Goûte l'heureux espoir d'un succès éclatant.
Ce retard qui paraît trahir notre vengeance,
N'est autre que le fruit d'une sage prudence :

Tout était préparé ; mais à l'instant fatal
Où j'allais du carnage arborer le signal,
D'un rapide coup-d'œil j'ai vu que nos cohortes,
Contre ses partisans n'étaient pas les plus fortes ;
Mais je viens d'éloigner, par des ordres secrets,
Tous ceux qui pourraient nuire à mes hardis projets ;
Tandis que nos soldats aguerris aux alarmes,
Demeurent jusqu'ici rassemblés sous les armes :
Animés comme nous d'une noble fureur,
Ils pressent le moment de prouver leur valeur.

KERSAINT.

Je ne le cèle point, sa mort, que je souhaite,
Peut seule rassurer mon humeur inquiète :
Robespierre à présent est un monstre ulcéré
Qui va dévorer tout s'il n'est pas dévoré ;
Plongeons-le promptement dans la tombe entr'ouverte.
Un seul moment perdu peut causer notre perte.

BARRÈRE.

Dans une heure, Kersaint, tu ne le craindras plus.
Qu'il consume ce temps en efforts superflus ;
Autour de ce palais de nombreuses cohortes
Se répandent sans bruit et défendent les portes :
Sitôt qu'il paraîtra, toutes, d'un même accord,
Disputeront l'honneur de lui donner la mort.

SCENE IV.

KERSAINT, BARRÈRE, TOULAN.

KERSAINT.

Mais que nous veut Toulan?

TOULAN.

Robespierre s'avance.

BARRÈRE.

Robespierre !

TOULAN.

Lui-même : évitez sa présence.

BARRÈRE.

Ah ! plutôt....

KERSAINT, *à Barrère.*

Suis-moi ; viens ; allons cerner ces lieux.

BARRÈRE, *suivant Kersaint.*

J'ai peine à contenir mes désirs furieux.

SCENE V.

ROBESPIERRE, TOULAN.

ROBESPIERRE.

Idole de mon cœur ! vengeance que j'implore !
Viens laver mes affronts dans un sang que j'abhorre ;
Assouvis, s'il se peut, la fureur que je sens.
Vengeance ! je t'appelle, écoute mes accens.

Quoi, Kersaint! quoi, Tallien! dans leur jalouse haine
Prétendent me ravir la grandeur souveraine!
Et ce peuple inconstant, dont ils cherchent l'appui,
M'idolâtrait hier et me quitte aujourd'hui!

TOULAN.

Qui peut compter jamais sur une populace
Qui voit l'impunité de sa coupable audace
Dans sa propre bassesse, insecte venimeux,
Qui n'existe qu'autant qu'il échappe à nos yeux?
Abandonne au mépris cette foule insolente,
Et punis sur les chefs ton injure sanglante.
Confonds, anéantis ces indignes rivaux
Qui voudraient, par ta mort, jouir de tes travaux;
Mais, crois moi, pour sévir avec plus d'assurance,
Il faut de quelques jours retarder ta vengeance :
C'est l'unique moyen de frapper sans danger.

ROBESPIERRE.

Que je diffère, moi, l'instant de me venger!
Moi, lorsque les bourreaux, pour contenter ma rage,
Brûlent de commencer cet horrible carnage,
Je pourrais différer!... Mais que dis-je, insensé?
Ne me souviens-je plus où je me suis fixé?
Oui, suspendons encor le moment du supplice :
Je dois à ma fureur ce dernier sacrifice;
Mais sitôt que Thérèse, asservie à mes lois,
Du trône auquel j'aspire assurera mes droits,
Ainsi qu'un fier lion sur sa proie expirante,
Assouvit tout le feu de sa faim dévorante,

Ainsi tu me verras immoler sans égards ,
Enfans , pères , amis , frères , sœurs et vieillards.
Que de sang va couler pour laver mon offense ı

TOULAN.

(A part.)
Grand Dieu , d'un tel fléau préserve l'innocence !
(Haut.)
Quelque énormes que soient leurs cruels attentats ,
Le châtiment du moins ne leur cédera pas.

ROBESPIERRE.

Il faut qu'il soit terrible, affreux , épouvantable ,
Digne d'eux , digne enfin de mon cœur implacable.
N'as-tu point vu , Toulan, ces tigres irrités ,
Lever jusque sur moi leurs fers ensanglantés ?
Peuple ingrat ! vil appui d'un sénat méprisable !
Je te ferai sentir de quoi je suis capable.
Lâche , puisque tes bras ont renversé l'autel ,
Les miens vont le dresser ; et par un art cruel ,
Entre quatre échafauds j'assignerai sa place :
Assis sur le sommet, moi, d'un front plein d'audace,
J'ordonnerai le meurtre ; et promenant mes yeux
Autour de ce spectacle effroyable , odieux ,
D'un regard satisfait je verrai mes victimes ;
Mais pour combler leurs maux et jouir de mes crimes ,
Je veux, dans les horreurs de leurs derniers momens,
Me pâmer de plaisir sur leurs corps expirans.

TOULAN.

(A part.)
Je ne sais qui retient la fureur qui me presse.
(Haut.)
Oui, tâche auparavant d'épouser la princesse,

5

Ensuite tu pourras exercer ton courroux.
C'est en les mesurant qu'on assure ses coups.

ROBESPIERRE.

Pour en être plus sûr, ne laissons point au traître
Le temps de s'y soustraire ou de se reconnaître.
Mais Thérèse paraît. Va joindre mes amis :
Autour de la Commune ils sont tous réunis.

TOULAN.

(A part.)
Allons joindre Kersaint.

SCENE VI.

THÉRÈSE, ROBESPIERRE.

ROBESPIERRE.

Dans peu d'instans, Madame,
Vous allez de vos vœux récompenser ma flamme :
Je vais pourvoir à tout ; vous, invoquez le ciel,
Qu'il daigne confirmer un nœud si solennel.
Si j'ai pu retarder ce nœud que je souhaite,
C'est que des scélérats.... Mais mon ame inquiète
Réparera bientôt le temps que j'ai perdu.

THÉRÈSE.

Bourreau de ma famille, as-tu bien prétendu
Qu'abjurant à jamais l'honneur et la justice,
Je pourrais devenir ta femme et ta complice ?
Tu t'abuses, tyran ! Songe que cette main
N'aspire qu'au bonheur de te percer le sein.

ROBESPIERRE.

Quel langage! quel ton! Ignores-tu , traîtresse,
Mon amour, ma fureur, ton sort et ta promesse?
Ne te souvient-il plus qu'approuvant mes projets ,
Toi-même de l'hymen as hâté les apprêts?

THÉRÈSE.

Je ne t'ai rien promis, perfide; et mon silence
A fait naître en ton cœur cette vaine espérance.
Pour tirer des cachots le neveu de ton Roi ,
J'ai dû vaincre un moment l'horreur que j'ai pour toi;
Mais quand je t'ai soustrait une tête si chère ,
Je puis tranquillement mépriser ta colère.

ROBESPIERRE.

C'est pour lui que tu crains! Ah! cruelle, frémis;
Voilà ton vrai supplice. Apprends donc que Louis
S'est sauvé de la main qui protégeait sa fuite;
Qu'il ne peut m'échapper; qu'on est à sa poursuite,
Et qu'enfin, si le sort le ravit à mes coups,
Ta mort doit satisfaire à mon juste courroux.

THÉRÈSE.

Dieu, cache mon amant à leur fureur impie!
Eh bien! que tardes-tu? Comble ta barbarie;
Achève donc, cruel, de répandre le sang
Qui, du meilleur des Rois, circule dans mon flanc,
D'un prince qui pouvait, avec moins de clémence,
Prévenir les malheurs qui désolent la France.
Tu peux tout aujourd'hui; mais tremble, factieux!

Tes crimes ont lassé la colère des cieux.
Tremble que, dans le temps où tu proscris ma tête,
Pour toi plus que pour moi le glaive ne s'apprête.

SCENE VII.

THÉRÈSE, ROBESPIERRE, RONSIN, SOPHIE,
Gardes.

RONSIN.

Tout est perdu ; fuyons auprès de nos amis ;
De peuple et de soldats tous ces lieux sont remplis.
Kersaint au milieu d'eux les excite et leur crie :
« Français, vengeons nos lois et servons la patrie !
« Robespierre, dit-il, ce tyran détesté,
« Veut nous ravir l'honneur, nos droits, la liberté. »
A la voix du parjure, une horde en furie
Promet, par des sermens, de t'arracher la vie.

ROBESPIERRE.

Serait-il vrai, Kersaint? Quoi, ce monstre cruel
S'attachait sur mes pas pour me détruire ! O ciel !
Quel horrible bandeau m'avait couvert la vue !
Il semblait me servir.... Quelle fourbe inconnue !
Eh bien ! que ma vengeance égale son forfait ;
Rendons lui, maintenant, tout le mal qu'il m'a fait.
Allons d'un prompt trépas punir ses artifices,
Et livrons aux bourreaux ses infâmes complices.
        (A Thérèse.)
Toi, produite d'un sang proscrit par ma fureur,

(69)

Toi, le fatal objet d'un complot plein d'horreur,
Et dont la perfidie a causé ma ruine,
Frémis du sort affreux que mon cœur te destine.
    (A Ronsin.)
Demeure ici, Ronsin, et ne la quitte pas.
Si le sort trahissait la valeur de mon bras,
Que le bruit de ma mort soit l'arrêt de la sienne.

RONSIN.

Tu seras obéi, quoiqu'il en advienne.

SCENE VIII.

THÉRÈSE, RONSIN, SOPHIE, *Gardes.*

THÉRÈSE.

O toi, des vastes cieux arbitre souverain,
Toi, qui peut à ton gré changer notre destin,
Si jamais tu daignas protéger l'innocence,
Qui pourrait mieux que moi capter ta bienveillance ?
Et si le crime seul excite ton courroux,
Robespierre est celui qui mérite tes coups :
Contre un tel forcéné cesse de te contraindre,
Et que tous ses pareils apprennent à te craindre.
    (Ronsin et Gardes s'approchent de la coulisse,
      et Thérèse s'avance au milieu de la scène.)
Mais quel tumulte affreux ?... Ociel ! j'entends des cris !
    (Elle écoute. Ronsin et Gardes entrent dans la
      coulisse.)
Les accens de la mort ont frappé mes esprits.
    (Ronsin et Gardes se battent dans la coulisse.)

Serait-ce un assassin guidé par la vengeance,
Ou mon libérateur qui jusqu'à moi s'avance?

> (Ronsin et Gardes traversent la scène, poursui-
> vis par la Garde nationale, ayant Toulan à
> leur tête.)

> (Kersaint paraît.)

Incertaine... Ah! Kersaint! est-ce vous que je voi?
Le tyran, que fait-il? dissipez mon effroi.

SCENE IX.

THÉRÈSE, KERSAINT, TOULAN, SOPHIE, *Garde nationale.*

KERSAINT.

Il a vécu, Madame, et vous êtes vengée.

THÉRÈSE.

Grand Dieu! de quel péril m'avez-vous dégagée!
Est-ce à vous que je dois cet heureux changement?

KERSAINT.

Je vais vous raconter ce grand évènement,
Digne de tenir place au Temple de Mémoire,
Et fait pour embellir les pages de l'histoire.
Nous avions réuni, dans la cour du palais,
Tous les bons citoyens, ces cœurs vraiment français
Qui sont restés toujours fidèles à leurs maîtres,
Et toujours ennemis des novateurs, des traîtres :
On attend Robespierre; il paraît, et soudain
Tout s'arme, tout s'apprête à lui percer le sein :

Lorsqu'un jeune héros, le soutien de la France,
Sortant, comme un éclair, fend la presse, et s'élance,
Poignarde le tyran, le terrasse à nos yeux,
Et se soustrait ensuite aux regards curieux.
Charmés, quoique jaloux, de cette noble audace,
D'un élan spontané nous volons sur sa trace;
Mais, parmi les détours de ce vaste palais,
Nous nous dispersons tous au gré de nos souhaits.
Seul, j'abordais à peine une obscure avenue,
Que ce brave guerrier se présente à ma vue.
Ah! Madame, jugez de mon étonnement,
Lorsque dans ce guerrier je trouve votre amant.
« Quoi! c'est vous, ai-je dit, dont la main téméraire
« D'un si terrible coup a frappé Robespierre?
« Oui, répond-il; ce bras vient de venger son Roi,
« Et mon cœur à l'amour va conserver sa foi.
« Je pars pour obéir à l'amante que j'aime;
« Ne l'abandonne pas dans ce désordre extrême.
« Si, comme je le crois, la mort de nos tyrans
« Doit la faire remettre aux mains de ses parens;
« Toi, qui brûlas pour nous d'un amour si fidèle,
« Que mon oncle te voie arriver avec elle. »
A ces mots, il m'embrasse et me fait ses adieux,
En essuyant les pleurs qui coulent de ses yeux.
Moi, je saisis l'instant que sa fuite me laisse,
Pour venir délivrer mon illustre princesse.

THÉRÈSE.

Je te rends grâce, ô Dieu! Tes sublimes bontés

Mettent un heureux terme à mes calamités.
Tôt ou tard ta justice à nos yeux se déploie :
Mais puis-je savourer une parfaite joie,
Me flatter que Louis n'a rien à redouter?

KERSAINT.

Non, Madame, non, rien, j'ose vous l'attester,
Et vous prédire aussi que votre délivrance
Des nouveaux gouvernans va marquer la clémence.

THÉRÈSE.

Ah! que ne peuvent-ils, étendant leurs bienfaits,
Cicatriser les maux que souffrent les Français!
Puisse-tu, dès ce jour, ô ma chère patrie,
En punissant le crime, expier ta furie,
Peser tes intérêts, ta gloire, ton bonheur,
Et reprendre bientôt ton antique splendeur!
De ton sein épuré repousse tous les traîtres;
Rends aux fils de Henri les biens de leurs ancêtres;
Et ton Roi, satisfait d'un si beau repentir,
Oubliera les malheurs que tu lui fis souffrir.

FIN.